JN014276

データDL付き新版

CD-ROMブック

千金美穂

イラスト
コレクション

C*o*n*t*e*n*t*s

❶attention
本書およびイラストデータをお使いになる前に、81ページを必ずお読みください。

フォルダ構成

付属のCD-ROMおよびダウンロードファイルは、本書と同じ構成でイラストデータを収録しています。

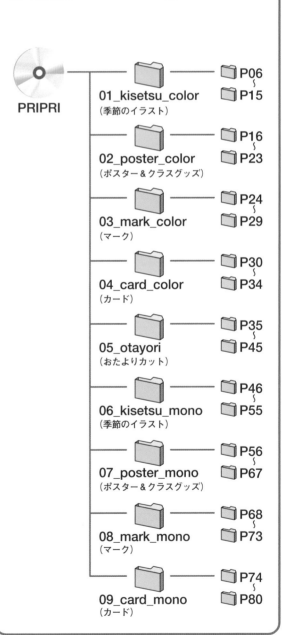

PRIPRI

01_kisetsu_color
（季節のイラスト）
P06〜P15

02_poster_color
（ポスター＆クラスグッズ）
P16〜P23

03_mark_color
（マーク）
P24〜P29

04_card_color
（カード）
P30〜P34

05_otayori
（おたよりカット）
P35〜P45

06_kisetsu_mono
（季節のイラスト）
P46〜P55

07_poster_mono
（ポスター＆クラスグッズ）
P56〜P67

08_mark_mono
（マーク）
P68〜P73

09_card_mono
（カード）
P74〜P80

この本の使い方

本書には、保育のなかで役立つイラストカットがたくさん収録されています。
毎月のおたよりやお誕生カードなど、目的に合わせてご活用ください。

イラスト活用例

おたよりやクラスグッズ作りに使えるかわいいイラストが満載！
さまざまな用途にお使いいただけます。

アルバムメモに！

季節のイラスト

季節や行事をイメージしたイラストが満載！ 毎月のおたより作りはもちろん、卒園アルバムなどに使えるメモパッドも充実しています。

お当番表に！

**ポスター＆
クラスグッズ**

お当番表やお誕生表など、クラスグッズに生かせるイラストもいっぱい！ 大きくプリントして厚紙などに貼ったり、ラミネート加工をすれば丈夫に作れます。

個人マークに！

マーク

個人マークやクラスプレートに使えるマーク集。小さくプリントして個人の持ちものに貼ったり、大きくプリントしてクラスやグループの目印にも使えます。

お誕生カードや年賀状に！

カード

シーンに合わせて使えるグリーティングカードのイラストも充実。好きなメッセージをパソコンで入力したり、手書きで添えたりして活用しましょう。

ページの見方

本書の6〜80ページには、イラストデータの見本を掲載しています。
使いたいイラストを探す際には、下記の表示を目印にしてください。

テーマ

掲載しているイラストの種類です。テーマごとのフォルダ名に対応しています。

イラスト

イラストの見本です。お使いのパソコン環境によって、イラストの色調は掲載物と多少異なる場合があります。

ファイル名

CD-ROMおよびダウンロードファイルに収録しているデータファイル名です。

収録フォルダ

各ページに掲載しているイラストのデータを収録しているフォルダ名です。
左側のフォルダ→右側のフォルダの順にクリックしていくと、そのページに掲載されているイラストを見ることができます。

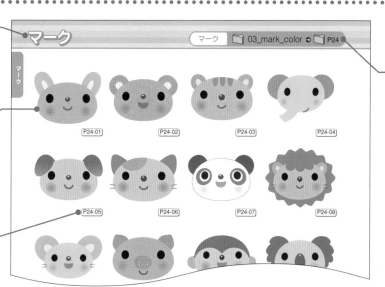

P06-01

P06-02

P06-03

P07-01

P07-02

P07-03

P07-04

P07-05

P07-06

P07-07

P07-08

P07-09

P07-10

P07-11

P07-12

P08-01

P08-02

P08-03

夏 Summer

P09-01　　　　　P09-02　　　　　P09-03

P09-04　　　　　P09-05　　　　　P09-06

P09-07　　　P09-08　　　P09-09　　　P09-10

P09-11

P09-12

P10-01

P10-02

P10-03

P11-01

P11-02

P11-03

秋 Autumn

P11-04

P11-05

P11-06

P11-07

P11-08

P11-09

P11-10

P11-11

P11-12

P12-01

P12-02

P12-03

P13-01

P13-02

P13-03

P13-04

P13-05

P13-06

P13-07

P13-08

P13-09

P13-10

P13-11

P13-12

冬 Winter

アルバムメモ

入園式 P14-01

こどもの日 P14-02

遠足 P14-03

七夕 P14-04

夏祭り P14-05

プール P14-06

運動会 P14-07

いもほり P14-08

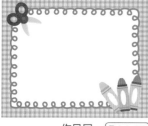
作品展 P14-09

発表会 P14-10

クリスマス P14-11

もちつき P14-12

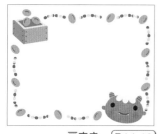
豆まき P14-13

ひな祭り P14-14

卒園式 P14-15

お誕生会 P14-16

春 P14-17

夏 P14-18

秋 P14-19

冬 P14-20

アルバムメモ

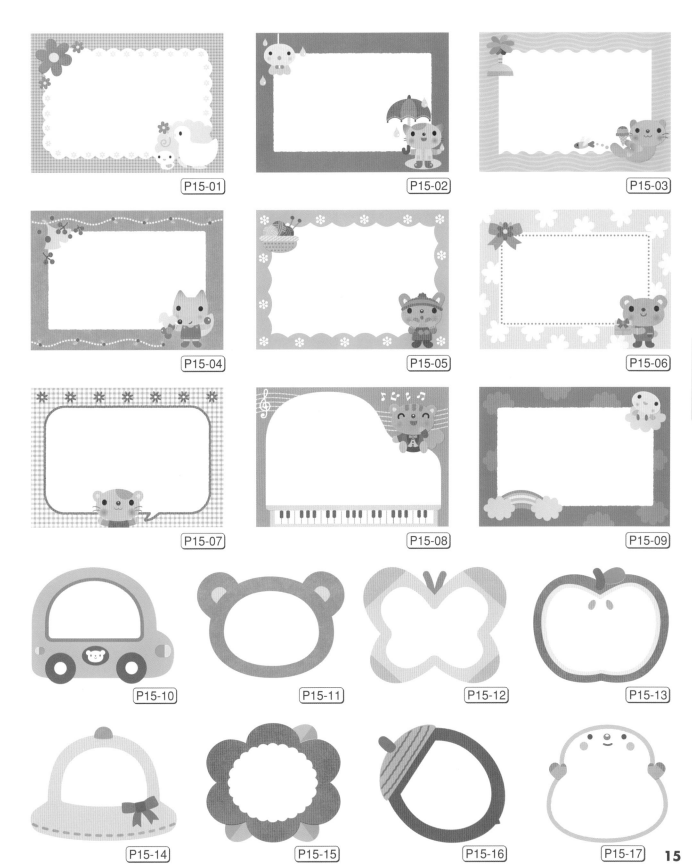

P15-01

P15-02

P15-03

P15-04

P15-05

P15-06

P15-07

P15-08

P15-09

P15-10

P15-11

P15-12

P15-13

P15-14

P15-15

P15-16

P15-17

アルバムメモ

15

お誕生表

P16-01

P16-02

P16-03

P16-04

P16-05

P16-06

お誕生表

おたんじょうびおめでとう

P17-01

P17-02

P17-03

P17-04

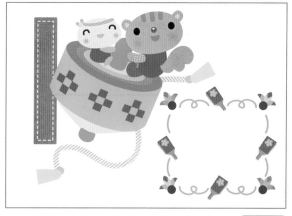

P17-05

P17-06

P17-07

お誕生表

生活ポスター

おしらせポスター　P18-01

手洗いポスター　P18-02

うがいポスター　P18-03

保健ポスター　P18-04

食育ポスター　P18-05

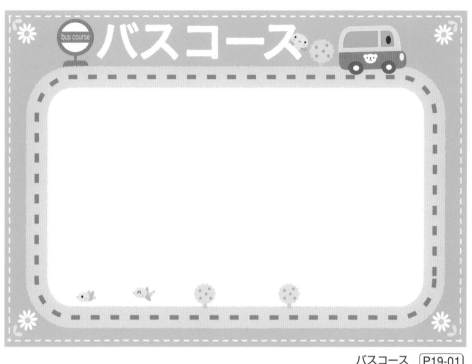

バスコース P19-01

バス P19-02

歩き P19-03

お当番表 P19-04

トイレマーク P19-07

お当番バッジ P19-05

お当番バッジ P19-06

トイレマーク P19-08

生活ポスター

19

あいうえお表

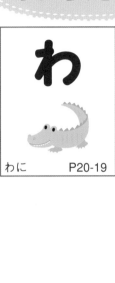

わに　P20-19

らくだ　P20-14

やぎ　P20-11

まじょ　P20-06

はさみ　P20-01

りす　P20-15

みかん　P20-07

ひつじ　P20-02

えをかく　P20-20

るすばん　P20-16

ゆきだるま　P20-12

むしめがね　P20-08

ふくろう　P20-03

れもん　P20-17

めだか　P20-09

へび　P20-04

えほん　P20-21

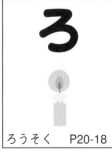

ろうそく　P20-18

よっと　P20-13

もみじ　P20-10

ほうき　P20-05

あいうえお表

な ながぐつ P21-21	た たこ P21-16	さ さかな P21-11	か かもめ P21-06	あ あひる P21-01
にく P21-22	ち ちゅうしゃ P21-17	し しまうま P21-12	き きりん P21-07	い いか P21-02
ぬ ぬりえ P21-23	つ つばめ P21-18	す すずめ P21-13	く くわがた P21-08	う うし P21-03
ね ねこ P21-24	て てぶくろ P21-19	せ せんぷうき P21-14	け けんだま P21-09	え えび P21-04
の のり P21-25	と とけい P21-20	そ そり P21-15	こ こま P21-10	お おにぎり P21-05

あいうえお表

21

P22-01

P22-02

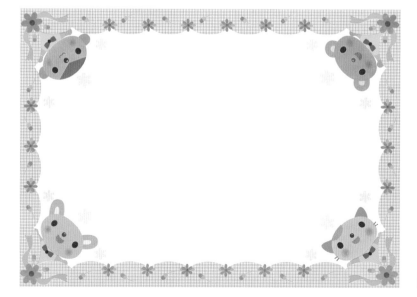

ミニ賞状

P22-03

メダル&バッジ

P23-01

P23-02

P23-03

P23-04

P23-05

P23-06

P23-07

P23-08

P23-09

メダル&バッジ

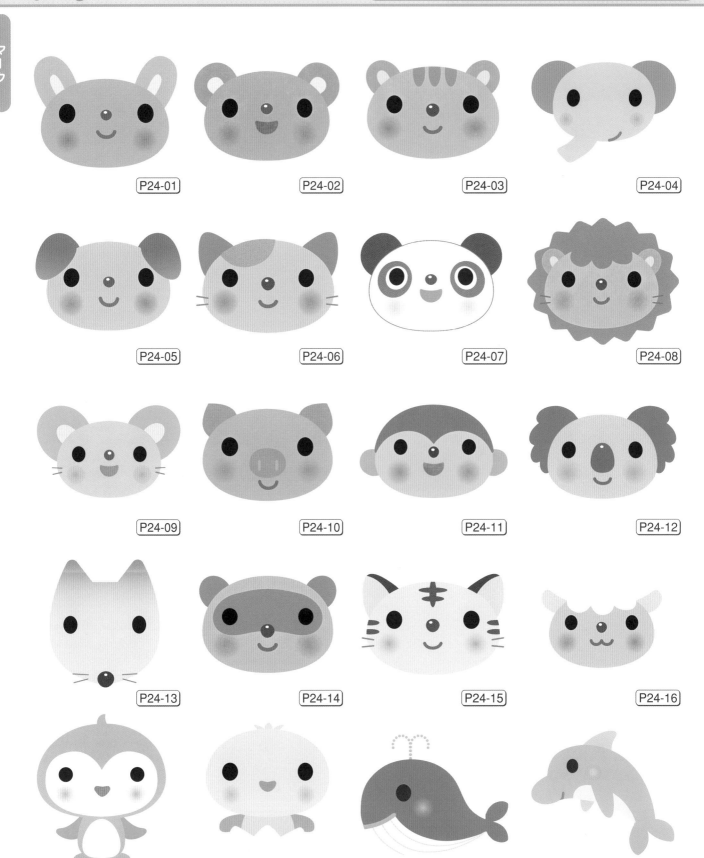

P24-01　P24-02　P24-03　P24-04

P24-05　P24-06　P24-07　P24-08

P24-09　P24-10　P24-11　P24-12

P24-13　P24-14　P24-15　P24-16

P24-17　P24-18　P24-19　P24-20

P25-01

P25-02

P25-03

P25-04

P25-05

P25-06

P25-07

P25-08

P25-09

P25-10

P25-11

P25-12

P25-13

P25-14

P25-15

P25-16

P25-17

P25-18

P25-19

P25-20

25

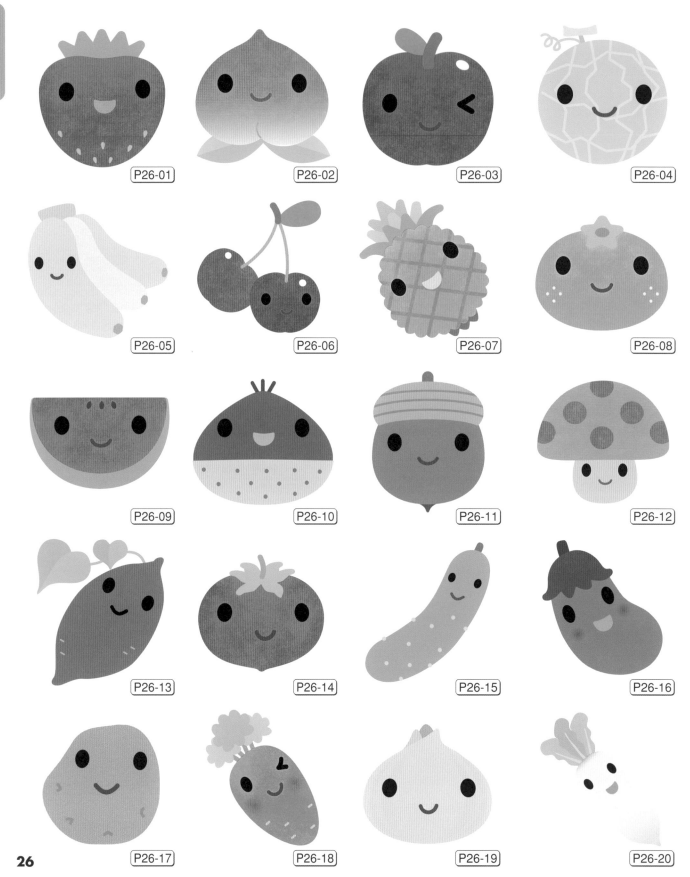

P26-01

P26-02

P26-03

P26-04

P26-05

P26-06

P26-07

P26-08

P26-09

P26-10

P26-11

P26-12

P26-13

P26-14

P26-15

P26-16

P26-17

P26-18

P26-19

P26-20

P27-01

P27-02

P27-03

P27-04

P27-05

P27-06

P27-07

P27-08

P27-09

P27-10

P27-11

P27-12

P27-13

P27-14

P27-15

P27-16

P27-17

P27-18

P27-19

P27-20

27

マーク

P28-01

P28-02

P28-03

P28-04

P28-05

P28-06

P28-07

P28-08

P28-09

P28-10

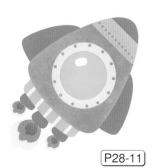
P28-11

P28-12

P28-13

P28-14

P28-15

P28-16

P28-17

P28-18

P28-19

P28-20

マーク

P29-01

P29-02

P29-03

P29-04

P29-05

P29-06

P29-07

P29-08

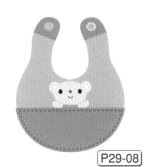

P29-09

P29-10

P29-11

P29-12

P29-13

P29-14

P29-15

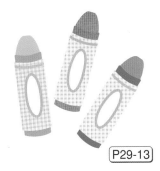

P29-16

P29-17

P29-18

P29-19

P29-20

29

お誕生カード

※お誕生カードの活用例は、74ページから
77ページをご参照ください。

ポストカード　P30-03

フォトフレームカード（外面）　P30-01

フォトフレームカード（中面）　P30-02

家形カード（外面）　P30-04

家形カード（中面）　P30-05

お誕生カード

メッセージカード（外面） P31-01

メッセージカード（中面） P31-02

フリーメッセージカード（外面） P31-03

フリーメッセージカード（中面） P31-04

バス形カード（外面） P31-05

バス形カード（中面） P31-06

31

暑中見舞い

P32-01

P32-04

P32-02

しょちゅう
おみまい
もうしあげます

P32-03

P32-05

クリスマスカード

P33-01

メリークリスマス

P33-02

P33-03

Merry X mas

P33-04

P33-05

クリスマスカード

年賀状

P34-01

P34-02

P34-03

あけまして おめでとう

P34-04

P34-05

P34-06

P34-07

P34-08

P34-09

P34-10

P34-11

P34-12

P34-13

P34-14

P34-15

P34-16

飾り枠

P35-01

P35-03

P35-05

P35-02

P35-04

P35-06

飾り枠

P36-01

P36-02

P36-03

P36-04

P36-05

P36-06

P36-07

P36-08

P36-09

飾り枠

P37-02

P37-03

P37-01

P37-06

P37-04

P37-05

P37-07

P37-08

P37-09

P37-10

P37-11

飾り枠

春

P38-01

P38-02

P38-03

P38-04

P38-05

P38-06

P38-07

P38-08

P38-09

P38-10

P38-11

P38-12

P38-13

P38-14

P38-15

おたより 春

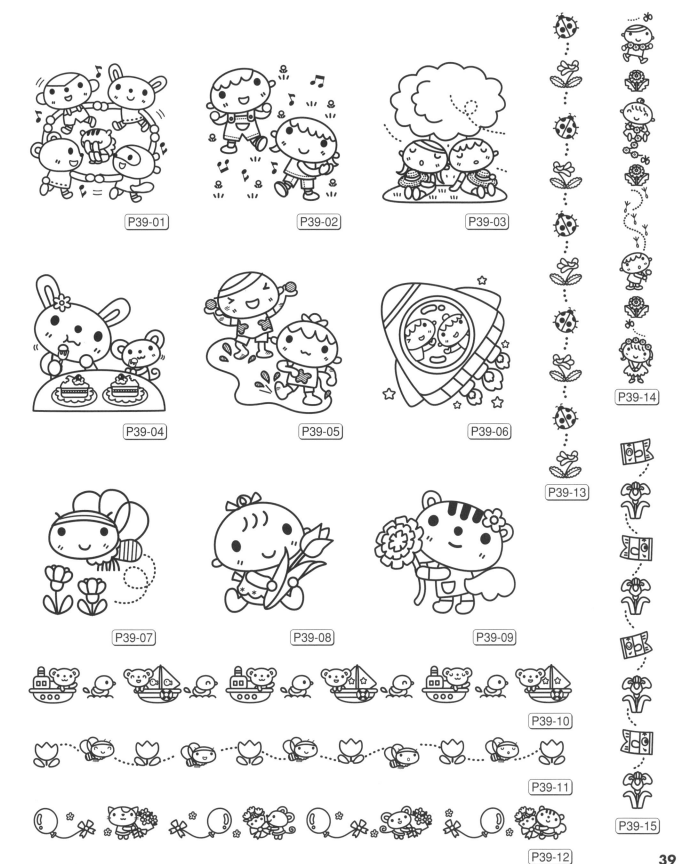

P39-01

P39-02

P39-03

P39-04

P39-05

P39-06

P39-07

P39-08

P39-09

P39-10

P39-11

P39-12

P39-13

P39-14

P39-15

おたより　春

39

夏

P40-01

P40-02

P40-03

P40-04

P40-05

P40-06

P40-07

P40-08

P40-09

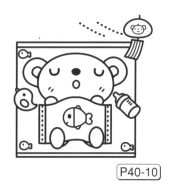

P40-10

P40-11

P40-12

P40-13

P40-14

おたより　夏

P41-01

P41-02

P41-03

P41-04

P41-05

P41-06

P41-07

P41-08

P41-09

P41-10

P41-11

P41-12

P41-13

P41-14

おたより　夏

41

秋

P42-01

P42-02

P42-03

P42-04

P42-05

P42-06

P42-07

P42-08

P42-09

P42-12

P42-13

P42-10

P42-11

P42-14

P42-15

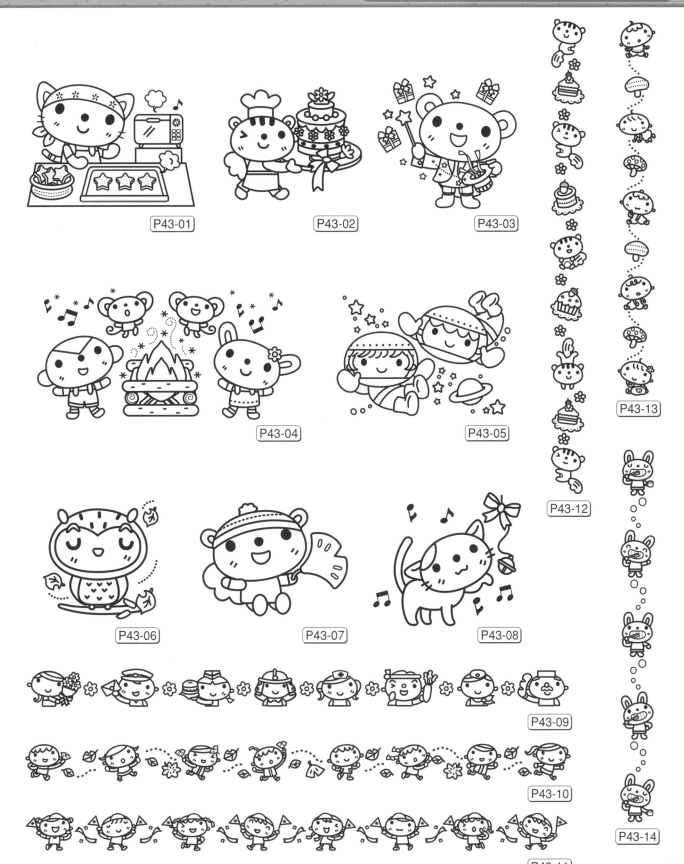

P43-01

P43-02

P43-03

P43-04

P43-05

P43-06

P43-07

P43-08

P43-09

P43-10

P43-11

P43-12

P43-13

P43-14

 冬

P44-01

P44-02

P44-03

P44-04

P44-05

P44-06

P44-07

P44-08

P44-09

P44-10

P44-11

P44-12

P44-13

P44-14

P45-01

P45-02

P45-03

P45-04

P45-05

P45-06

P45-07

P45-08

P45-09

P45-10

P45-11

P45-12

P45-13

P45-14

春
Spring

P46-01

P46-02

P46-03

P47-01

P47-02

P47-03

P47-04

P47-05

P47-06

P47-07

P47-08

P47-09

P47-10

P47-11

P47-12

夏
Summer

P48-01

P48-02

P48-03

P49-01

P49-02

P49-03

P49-04

P49-05

P49-06

P49-07

P49-08

P49-09

P49-10

P49-11

P49-12

秋
Autumn

P50-01

P50-02

P50-03

P51-01

P51-02

P51-03

P51-04

P51-05

P51-06

P51-07

P51-08

P51-09

P51-10

P51-11

P51-12

51

P52-01

P52-02

P52-03

P53-01

P53-02

P53-03

P53-04

P53-05

P53-06

P53-07

P53-08

P53-09

P53-10

P53-11

P53-12

冬 Winter

53

アルバムメモ

入園式　P54-01

こどもの日　P54-02

遠足　P54-03

七夕　P54-04

夏祭り　P54-05

プール　P54-06

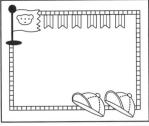
運動会　P54-07

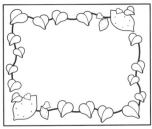
いもほり　P54-08

作品展　P54-09

発表会　P54-10

クリスマス　P54-11

もちつき　P54-12

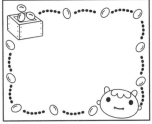
豆まき　P54-13

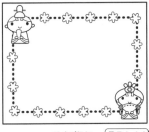
ひな祭り　P54-14

卒園式　P54-15

お誕生会　P54-16

春　P54-17

夏　P54-18

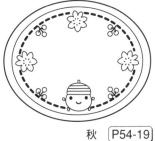

秋　P54-19

冬　P54-20

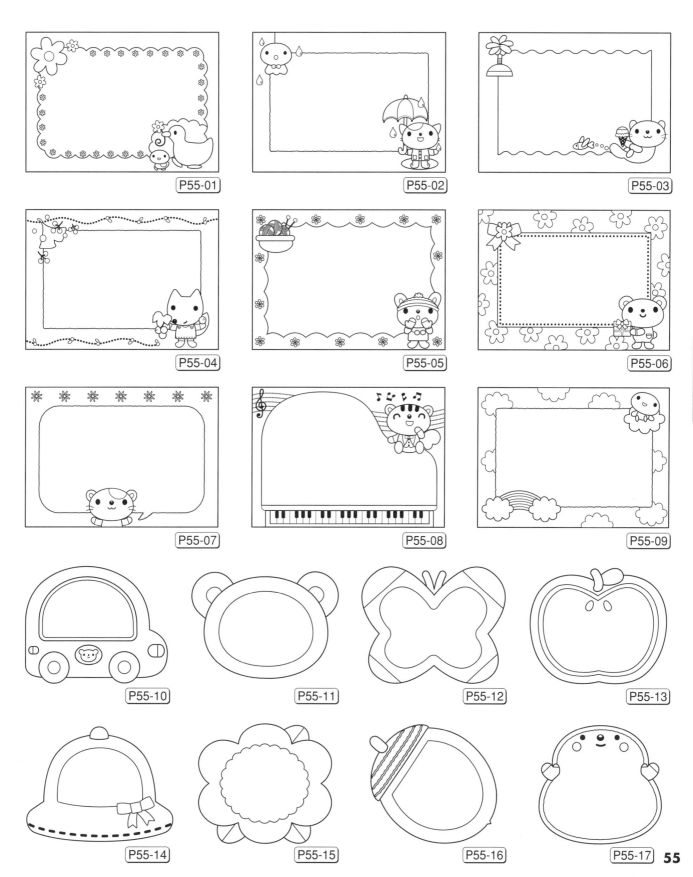

P55-01

P55-02

P55-03

P55-04

P55-05

P55-06

P55-07

P55-08

P55-09

P55-10

P55-11

P55-12

P55-13

P55-14

P55-15

P55-16

P55-17

アルバムメモ

55

お誕生表

おたんじょうびおめでとう

P56-01

P56-02

P56-03

P56-04

お誕生表

P57-01

P57-02

P57-03

お誕生表

P58-01

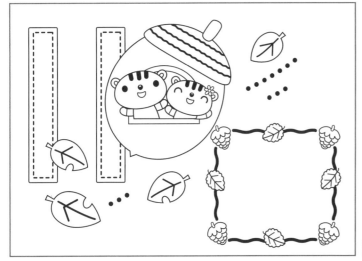

P58-02

P58-03

P59-01

P59-02

P59-03

生活ポスター

おしらせポスター　P60-01

手洗いポスター　P60-02

保健ポスター　P61-01

うがいポスター　P61-02

生活ポスター

食育ポスター　P62-01

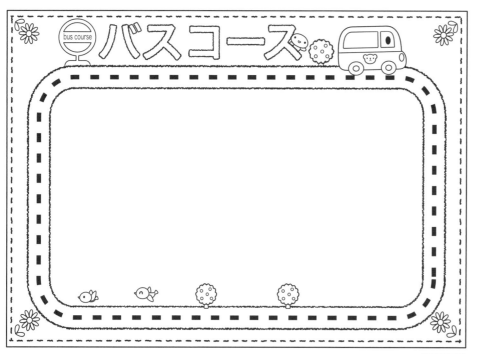

バス　P62-03

歩き　P62-04

バスコース　P62-02

生活ポスター

お当番表 P63-01

お当番バッジ P63-02

お当番バッジ P63-03

トイレマーク P63-04

トイレマーク P63-05

生活ポスター

あいうえお表

わ  わに　P64-19	**ら**  らくだ　P64-14	**や**  やぎ　P64-11	**ま**  まじょ　P64-06	**は**  はさみ　P64-01
	り  りす　P64-15		**み**  みかん　P64-07	**ひ**  ひつじ　P64-02
を  えをかく　P64-20	**る**  るすばん　P64-16	**ゆ**  ゆきだるま　P64-12	**む**  むしめがね　P64-08	**ふ**  ふくろう　P64-03
	れ  れもん　P64-17		**め**  めだか　P64-09	**へ** 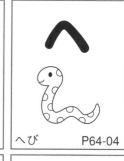 へび　P64-04
ん  えほん　P64-21	**ろ**  ろうそく　P64-18	**よ**  よっと　P64-13	**も**  もみじ　P64-10	**ほ**  ほうき　P64-05

あいうえお表

な ながぐつ P65-21	た たこ P65-16	さ さかな P65-11	か かもめ P65-06	あ あひる P65-01
に にく P65-22	ち ちゅうしゃ P65-17	し しまうま P65-12	き きりん P65-07	い いか P65-02
ぬ ぬりえ P65-23	つ つばめ P65-18	す すずめ P65-13	く くわがた P65-08	う うし P65-03
ね ねこ P65-24	て てぶくろ P65-19	せ せんぷうき P65-14	け けんだま P65-09	え えび P65-04
の のり P65-25	と とけい P65-20	そ そり P65-15	こ こま P65-10	お おにぎり P65-05

あいうえお表

P66-01

P66-02

P66-03

ミニ賞状

メダル＆バッジ

P67-01

P67-02

P67-03

P67-04

P67-05

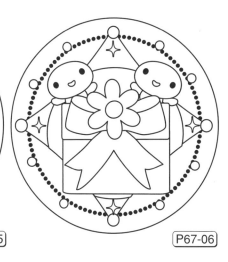

P67-06

P67-07

P67-08

P67-09

P68-01

P68-02

P68-03

P68-04

P68-05

P68-06

P68-07

P68-08

P68-09

P68-10

P68-11

P68-12

P68-13

P68-14

P68-15

P68-16

P68-17

P68-18

P68-19

P68-20

P69-01
P69-02
P69-03
P69-04
P69-05
P69-06
P69-07
P69-08
P69-09
P69-10
P69-11
P69-12
P69-13
P69-14
P69-15
P69-16
P69-17
P69-18
P69-19
P69-20

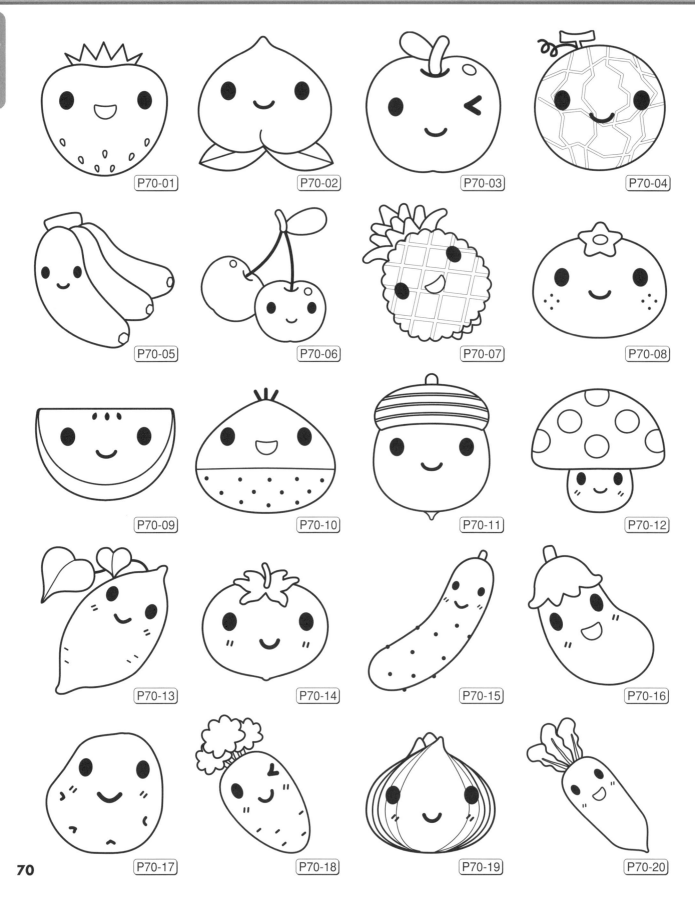

P70-01

P70-02

P70-03

P70-04

P70-05

P70-06

P70-07

P70-08

P70-09

P70-10

P70-11

P70-12

P70-13

P70-14

P70-15

P70-16

P70-17

P70-18

P70-19

P70-20

マーク

P71-01 P71-02 P71-03 P71-04

P71-05 P71-06 P71-07 P71-08

P71-09 P71-10 P71-11 P71-12

P71-13 P71-14 P71-15 P71-16

P71-17 P71-18 P71-19 P71-20

マーク

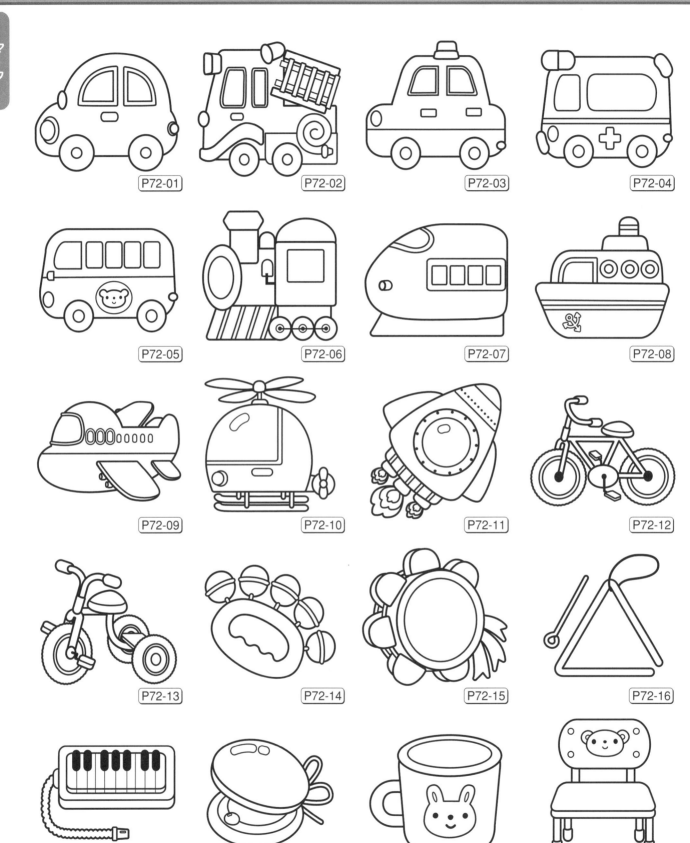

P72-01

P72-02

P72-03

P72-04

P72-05

P72-06

P72-07

P72-08

P72-09

P72-10

P72-11

P72-12

P72-13

P72-14

P72-15

P72-16

P72-17

P72-18

P72-19

P72-20

マーク

P73-01

P73-02

P73-03

P73-04

P73-05

P73-06

P73-07

P73-08

P73-09

P73-10

P73-11

P73-12

P73-13

P73-14

P73-15

P73-16

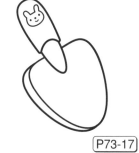

P73-17

P73-18

P73-19

P73-20

73

お誕生カード

フォトフレームカード（外面）　P74-01

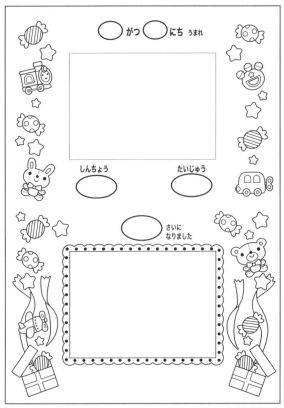

○ がつ ○ にち うまれ

しんちょう　　　たいじゅう

○ さいに なりました

フォトフレームカード（中面）　P74-02

活用例

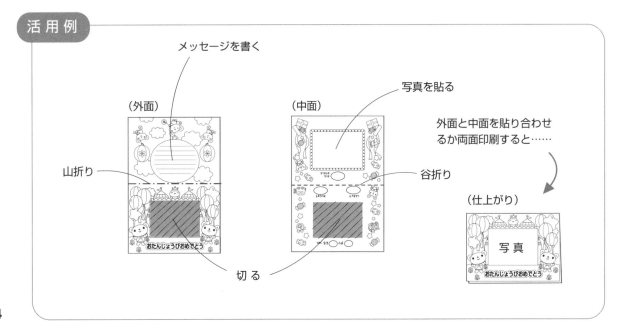

メッセージを書く

（外面）

山折り

切る

（中面）

写真を貼る

外面と中面を貼り合わせ
るか両面印刷すると……

谷折り

（仕上がり）

写真

おたんじょうびおめでとう

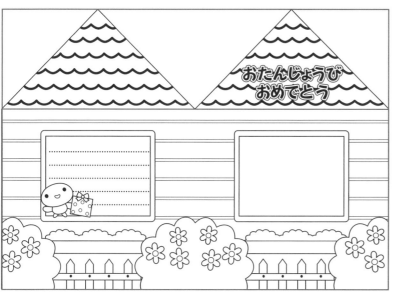

家形カード（外面）　P75-01

活用例

（外面）　　　　切る

メッセージを書く

山折り

切る

（中面）

切る　　　　　谷折り

（仕上がり）

外面と中面を貼り合わせ
るか両面印刷すると……

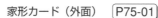

家形カード（中面）　P75-02

ポストカード　P75-03

75

お誕生カード

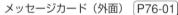

メッセージカード（外面）　P76-01

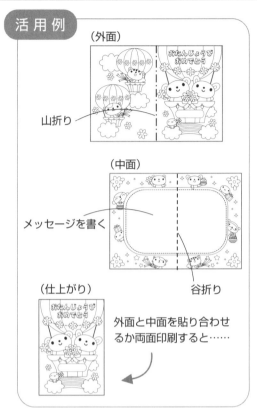

活用例

（外面）

山折り

（中面）

メッセージを書く

谷折り

（仕上がり）

外面と中面を貼り合わせ
るか両面印刷すると……

メッセージカード（中面）　P76-02

バス形カード（外面）

P76-03

おたんじょうび
おめでとう

※中面のイラストと活用例
　は77ページにあります。

フリーメッセージカード（外面） P77-01

活用例

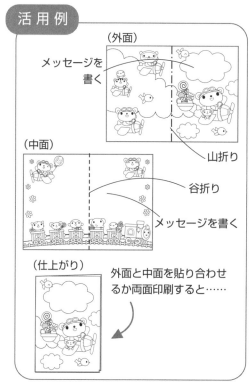

（外面）

メッセージを
書く

山折り

（中面）

谷折り

メッセージを書く

（仕上がり）

外面と中面を貼り合わせ
るか両面印刷すると……

フリーメッセージカード（中面） P77-02

活用例

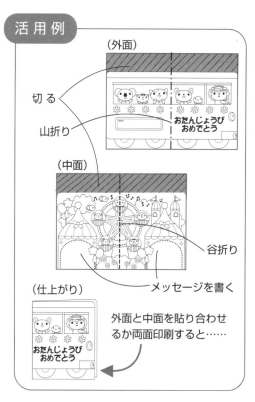

（外面）

切る

山折り

おたんじょうび
おめでとう

（中面）

谷折り

メッセージを書く

（仕上がり）

外面と中面を貼り合わせ
るか両面印刷すると……

おたんじょうび
おめでとう

バス形カード（中面）
P77-03

暑中見舞い

P78-01

P78-04

P78-02

しょちゅう
おみまい
もうしあげます

P78-03

P78-05

クリスマスカード

P79-01

メリークリスマス

P79-02

P79-03

Merry X mas

P79-04

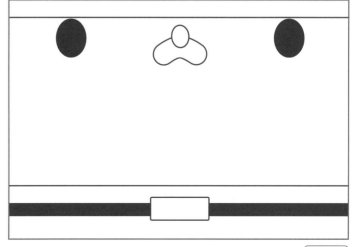

P79-05

79

年賀状

P80-01

P80-02

P80-03

あけまして おめでとう

P80-04

P80-05

P80-06

P80-07

P80-08

P80-09

P80-10

P80-11

P80-12

P80-13

P80-14

P80-15

P80-16

イラストデータの使い方

使いたいイラストが決まったら、付属のCD-ROMまたは、ダウンロードファイルを使ってみましょう。CD-ROMを使う場合はP.82を、ダウンロードファイルを使う場合はP.83をご覧ください。

イラストデータについて

○イラストデータはJPEGのファイル形式で収録されています。

○イラストデータのご利用には、JPEG形式の画像ファイル（.jpg）を扱えるアプリケーションソフトが必要です。

○イラストデータは200％以上に拡大すると描線にギザギザが目立ってくることがあります。

○カラーイラストは、お使いのプリンター等の設定によって、本書掲載物および画面表示と印刷したものとで色味が多少異なる場合があります。

イラストの使用許諾について

○本書掲載イラスト、およびCD-ROM収録イラスト・ダウンロードイラストは、購入された個人または法人・団体が営利を目的としないカードや掲示物、園だよりなどに使用できます。ただし、以下の点を順守してください。

・販促物や営利を目的としたもの、およびホームページやSNS（個人的なものを含む）への使用はできません。無断で使用することは、法律で禁じられています。なお、イラストを加工して上記内容に使用する場合も同様です。

・本書掲載イラスト、およびCD-ROM収録イラスト・ダウンロードイラストの著作権その他権利は、弊社および著者に帰属します。イラストおよびデータの複製、ダウンロードパスワードを第三者に譲渡・販売・賃貸・頒布（公衆放送やインターネットを通じた場合も含む）することは禁止します。

・図書館から貸し出す場合は、本書とCD-ROMを切り離さずに貸し出してください。

○使用できない例
・園児募集ポスターや企業のPR広告、販売を目的とした出版物
・園や施設、園バスのデザイン
・市区町村などの施設で不特定多数に配布するお知らせ
・金銭の授受が発生するイベントの告知
・園や施設のホームページやSNSなどへの掲載

CD-ROMをご使用になる前に

動作環境について

本書に付属のCD-ROMをご利用いただくには、CD-ROMドライブまたはCD-ROMを読み込めるDVD-ROMドライブが装備されているパソコンが必要です。

・動作確認済みOS／Windows10、macOS Big Sur

ご注意

○付属のCD-ROMは、「動作環境について」に記したOS以外での使用についての動作保証はできません。

○本書では、「Windows10」上で動く「Microsoft Word 2011」を使った操作手順を紹介しています。
　お使いのパソコンの動作環境によって、操作方法や画面が異なる場合があります。

○付属のCD-ROMを使用した結果生じた損害・事故・損失、その他いかなる事態にも、弊社およびCD-ROMに収録されているデータの作者は一切の責任を負いません。

CD-ROMの取り扱いについて

○付属のCD-ROMは音楽CDではありません。オーディオプレーヤーで再生しないでください。

○CD-ROMの裏面に汚れや傷をつけるとデータを読み取れなくなります。
　取り扱いには十分ご注意ください。

○CD-ROMに収録されている画像データについてのサポートは行っておりません。

ダウンロードファイルを
ご利用になる前に

ダウンロード方法

下記のQRコード、またはURLにアクセスして、パスワードを入力してください。

mywonder.jp/pripribooks/32344

○パスワードはダウンロードページの記載を確認してください。

※ダウンロードページの記載内容は、予告なしに変更する場合がございます。

※イラストダウンロードに関わる各社サービスが終了するなどした場合、ダウンロードが利用できなくなる場合がございます。

イラストがダウンロードできない時

ダウンロードが正常にできない場合は、以下の点をご確認ください。

1.最新ブラウザにてご覧ください

推奨ブラウザはGoogle Chrome（最新版）です。Internet Explorerなど旧世代のブラウザをご使用の場合は、Google Chrome（最新版）にてお試しください。

2.パスワードは「半角英数字」で入力してください

文字入力の設定が「かな入力」になっている、「Caps Lock」がオンになっている場合などは、エラーになりますので入力形式をご確認ください。

3.システム管理者にお問い合わせください

セキュリティソフトやファイアウォールなどの設定で、データのダウンロードに制限がかかっている可能性がございます。お客様の組織のシステム管理者にお問い合わせください。

ご注意

イラストをウェブからダウンロードするには、インターネット接続が必要です。通信料はお客様負担となります。

※アプリケーションソフトの操作方法についてのご質問にはお答えできませんので、あらかじめご了承ください。Microsoft、Windows、Wordは、米国Microsoft Corporationの登録商標です。Macintoshは米国Apple Inc.の登録商標です。本書では、登録商標マークなどの表記は省略しています。

イラストを使ってみよう！

本書では「Windows10」で動く「Microsoft Word 2011」を使った場合の、操作手順を紹介しています。

個人マークやクラスグッズ作りに、イラストデータを活用してみましょう。ここでは、アルバムに貼るメモ作りを例に、イラストを一度にまとめてプリントする基本の流れをご紹介します。

パソコンの基本操作

○**クリック** ....マウスのボタン（2つある場合は左ボタン）を1回押します。

○**ダブルクリック**...........マウスのボタンを2回続けて押します。

○**ドラッグ** ....マウスのボタンを押したまま、マウスを前後左右に動かします。
マウスが机やマウスパッドから離れないように注意しながら、すべらせるように動かしましょう。

事前準備

CD-ROMを使う場合

付属のCD-ROMをパソコンのドライブに入れます。

ダウンロードファイルを使う場合

P.83を参照し、お使いのデバイスにイラストデータをダウンロードします。

Step1 プリントする紙の大きさを決めよう!

まずはイラストをプリントする紙の大きさを決めましょう。あとからでも変更できますが、初めに決めておくと作業がスムーズです。

❶ 「Word」を開く

画面左下の「スタート」ボタンをクリックして、プログラム一覧から「Word」をクリックします。

❷ 用紙の設定をする

「レイアウト」タブから「サイズ」をクリックします。さまざまな用紙サイズが表示されるので、プリントしたいサイズを選びましょう（ここでは「A4」サイズに設定）。

ワンポイント

余白のサイズ・用紙の向きを変える

「レイアウト」タブから「余白」をクリックします。「ユーザー設定の余白」から、「上」「下」「左」「右」のサイズと「印刷の向き」を変えて、「OK」をクリックします。

用紙いっぱいに印刷する

はがきやポスターなど、イラストを用紙いっぱいに印刷したいときは、余白のサイズをすべて「0」にして、「OK」をクリックします。

Step 2 プリントするイラストを選ぼう!

用紙の設定ができたら、使いたいイラストを選んで貼り付けましょう。

❶ イラストを選ぶ

「挿入」タブから「画像」→「このデバイス」をクリックすると、「図の挿入」の画面が開きます。使いたいイラストが入っているフォルダを開き、イラストを選んで「挿入」をクリックします。

 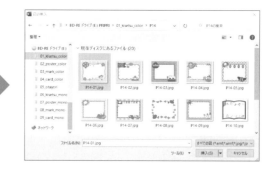

Step 3 イラストを自由にレイアウトしよう!

イラストが挿入できたら、大きさを変えたり移動したりして、イメージどおりにレイアウトしましょう。

❶ レイアウトの設定をする

挿入されたイラストをクリックして選択します。「レイアウト」タブから「文字列の折り返し」→「前面」をクリックすると、イラストが移動できるようになります。

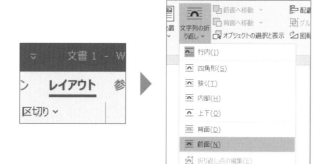

❷ イラストの大きさを変える

イラストの四隅の〇印にカーソルを合わせ、斜めにドラッグして大きさを変えます。

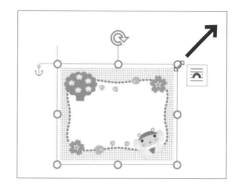

サイズを指定して変える

イラストをクリックして選択し、「図の形式」
タブから「サイズ」の右下にある矢印をクリッ
クすると、「レイアウト」の画面が開きます。

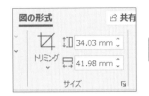

「高さ」や「幅」の「固定」のボックスに変更し
たい数値を入力し、「OK」をクリックします。

❸ イラストをコピーする

コピーしたいイラストをクリックして選択
し、「ホーム」タブから「コピー」→「貼り付け」
をクリックします。

簡単にコピーや貼り付けをする

イラストを選択して、キーボードの「Ctrl」キーを押しながらドラッグ＆ドロップすると、
同じイラストを貼り付けることができます。

❹ イラストを移動する

イラスト内にカーソルを合わせ、十字のカー
ソルになったら、そのままドラッグして移動
します。このとき「Shift」キーを押しながら
横にドラッグすると水平方向に、縦にドラッ
グすると垂直方向に移動できます。

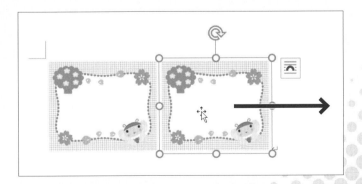

Step 4 イラストに文字を入れよう！

レイアウトしたイラストに文字を入れてみましょう。ここでは、おしらせや賞状、カード作りにも便利な文字の挿入方法をご紹介します。

❶ テキストボックスを作る

「挿入」タブから「テキストボックス」→「横書きテキストボックスの描画」をクリックします。文字を入れたい場所でドラッグ＆ドロップをすると、文字を入れる枠（テキストボックス）ができます。

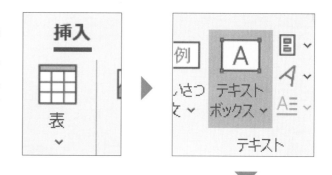

🌐 Office.com のその他のテキスト ボックス(M)

Ⓐ 横書きテキスト ボックスの描画(H)

❷ 文字を入力する

テキストボックスの内側をクリックしてから、文字を入力します。テキストボックスの大きさや位置の変え方は、Step3のイラストと同様に行います。

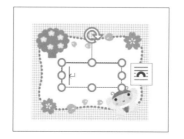

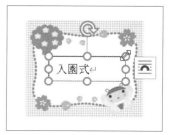

❸ 文字の種類を決める

「ホーム」タブの「フォント」から文字の種類・サイズ・色を選びます。

❹ 文字の配置を決める

「ホーム」タブの「段落」にある、左揃え、中央揃え、右揃え、両端揃え、均等割り付けから、文字の配置を選びます。